DU

GOUVERNEMENT

RÉPUBLICAIN.

A PARIS,

CHEZ TECHENER, LIBRAIRE,

PLACE DE LA COLONNADE DU LOUVRE, N° 12.

1831.

ROUEN. IMP. DE NICÉTAS PERIAUX,
rue de la Vicomté, n° 55

DU

GOUVERNEMENT

RÉPUBLICAIN.

On a dit que le meilleur des gouvernements serait le despotisme, si le despote était un ange. Je crois qu'on s'est trompé, et que le meilleur des gouvernements serait la république, si tous les hommes étaient des sages.

Que de choses en faveur du gouvernement républicain !

« Les hommes créés par le même Dieu, avec les mêmes facultés, les mêmes organes, les mêmes besoins, naissant de même, mourant de même, sont-ils destinés, dans l'intervalle qui sépare leur naissance et leur fin, à une existence si différente? Et pourquoi faut-il que les uns commandent toujours, et que les autres obéissent toujours? Comme si les uns n'avaient pas la capacité de se conduire eux-mêmes, et comme si les autres en avaient assez pour eux et pour leurs semblables !

« N'est-ce pas à tous à veiller à l'intérêt de tous? Et, si un seul en est chargé, ne s'occupera-t-il pas beaucoup plus de ses intérêts que de celui des autres? Aura-t-il, ou croira-t-il avoir le même intérêt? N'aura-t-il pas des passions? Ne commettra-t-il pas des erreurs? N'aura-t-il pas des agents qui auront aussi leurs intérêts, leurs passions, leurs erreurs ?

« Bientôt il ne s'agira plus de l'intérêt de tous, mais de l'intérêt d'un seul, ou du moins ses agents le lui feront accroire, et il dira : *l'Etat, c'est moi.*

« Mais, en réalité, il s'agira de l'intérêt de quelques hommes corrompus qui ne vivront que d'abus. La vertu ne sera qu'un vain mot; il n'y aura d'autre mérite que l'art de plaire au maître. Le vice, paré de toutes les grâces et de toutes les séductions, aura toutes les jouissances de la vie et tous les honneurs dus à la vertu; et si la vertu elle-même existait quelque part, elle serait persécutée ou ridiculisée; et le peuple, dans la misère et dans l'abjection, serait la proie, la propriété, le patrimoine des hommes qui, dans l'ordre moral, devraient être les derniers.

« Ce que j'ai dit qui serait, est précisément ce qui est, ce qui est presque partout.

« Dans la république, au contraire, l'intérêt de tous est l'intérêt de chacun ; les passions, contenues les unes par les autres, n'ont de pouvoir qu'autant qu'elles sont utiles à l'intérêt de tous. C'est là que la passion de la gloire est dans toute sa force et dans tout son lustre : on ne l'obtient que par la vertu, qui n'est que le désir du bonheur général. La gloire de chacun est la gloire de tous ; l'avantage de chacun est l'avantage de tous ; chacun jouit de sa propre estime et de celle des autres, et personne n'est méprisé, que le vicieux et le méchant.

« La loi, qui partout ailleurs n'est que l'arme du fort contre le faible, est vraiment protectrice, et ne règne que pour défendre le droit contre la force.

« Elle règne seule ; aucune volonté, aucun caprice, aucune faiblesse, ne peuvent arrêter, entraver, affaiblir son exécution ; les magistrats ne sont que ses organes, et lui obéissent les premiers. »

Comment se fait-il qu'une forme de gouvernement si naturelle et si avantageuse n'existe pres-

que nulle part, n'ait presque jamais existé que momentanément, et jamais long-temps d'une manière
supportable?

Je vais le dire avec douleur; je dois le dire,
puisque je travaille pour l'instruction de mes enfants,
et qu'en politique il faut savoir où l'on va, sous
peine d'être victime, ou bourreau.

Si les républiques sont si rares, c'est parce que
tout premier gouvernement a été et n'a jamais pu
être que théocratique, et parce qu'il est impossible que la théocratie mène à la république.

Si elles durent si peu, c'est que le gouvernement
républicain, qui paraît si avantageux à tous, et
qui a toujours été désiré en secret, est, en réalité,
le plus violent, le moins solide et le plus mauvais
des gouvernements. Heureusement, il est tout-à-
fait impossible actuellement en Europe.

Si l'on doutait des deux premières assertions,
je me chargerais de les prouver jusqu'à l'évidence.
Je ne vais m'occuper aujourd'hui que de la troisième, et prouver que la république est le plus
violent, le plus mauvais et le moins solide de tous
les gouvernements, et qu'il est impossible actuellement en Europe.

Pourquoi sont institués les gouvernements ?
Quelles sont leurs fonctions? Quel est leur but?
Quels sont leurs moyens?

Les sociétés étant instituées pour substituer le droit à la force, les gouvernements le sont pour réunir la force de tous, afin de défendre les droits de chacun. Leurs fonctions consistent à faire exécuter les lois qui règlent les droits de chacun. Leur but est de maintenir la sûreté, la tranquillité, la propriété de tous ; leurs moyens sont l'opinion qu'ils donnent de leur sagesse, l'amour qu'ils inspirent aux bons citoyens, et la crainte qu'ils savent imprimer aux factieux et aux méchants.

Or, dans les républiques, le gouvernement est confié à des magistrats temporaires : il leur est confié en apparence, mais, en réalité, tout le pouvoir, toute la force, toute la volonté, est dans la multitude.

C'est elle qui est le souverain, qui est le véritable maître ; les magistrats ne sont que ses délégués, que ses représentants.

La multitude les soutient quand ils lui plaisent ; sinon, elle se moque d'eux, ou les chasse, ou les met en pièces.

Quoi d'inconstant, quoi d'aveugle, quoi de féroce comme une multitude ! Et, dans une république, c'est pourtant là le maître de tous les membres de la société !

Et quels sont les guides, les conseillers de ce

maître farouche? ce sont des orateurs qui le flattent et qui l'égarent.

L'homme passionné est seul écouté; l'homme calme, sage et sincère ne fait aucune impression, il est écrasé par l'homme emporté ou adroit.

Il est dans la nature de toute assemblée de se laisser dominer par l'enthousiasme social. Il est dans la nature de presque tous les hommes d'obéir à la voix des passions plutôt qu'à celle de la froide raison.

Chaque homme aura pour protecteur et pour maître la totalité de ses concitoyens; mais ce maître, tel que nous venons de le faire connaître, sera bien plus oppresseur que protecteur. Il est vrai que tous sont maîtres et sujets à la fois; mais, si la république a un million de citoyens, le pouvoir de chacun est d'un millionième, et sa sujétion, son oppression est de la totalité entière; son pouvoir n'est rien, et l'oppression l'écrase.

Cette oppression est d'autant plus terrible, que le pouvoir de ce maître fougueux n'a ni frein ni contre-poids d'aucune espèce.

Lorsqu'un seul est chargé du pouvoir suprême, il peut craindre que, s'il en abusait à un certain point, il ne fût seul contre tous : il est certain d'être connu et détesté; et il sait que l'inexorable histoire flétrira son nom à jamais, non-seulement pour ses fautes, mais encore pour celles de tous ses agents.

Mais, lorsqu'une multitude s'est substituée au magistrat, lorsqu'une assemblée quelconque exerce ce pouvoir, chacun de ses membres, enveloppé dans son obscurité, sent très bien qu'il peut tout, et qu'il ne répond de rien ; il peut se livrer avec sécurité à toutes ses passions, commettre tous les forfaits : il reste inconnu.

Quel gouvernement pour faire régner le droit, pour en imposer à la force, pour inspirer le respect, pour intimider les factieux, pour contenir les méchants ! Il est impuissant pour faire le bien, et tout-puissant pour faire le mal.

Sans doute un pareil gouvernement aura beaucoup de force au dehors ; mais, dans l'intérieur, il sera toujours menaçant pour tous et menacé par tous.

Tous les guerriers, tous les grands hommes chercheront à occuper une place vacante, et qu'ils se croient en état de remplir, celle de maître et de modérateur de cette multitude sans frein.

Il n'y a qu'un pas de la démocratie à l'anarchie, et un autre de l'anarchie à la tyrannie, qui est bien loin de la monarchie, de la monarchie telle que nous la connaissons, quoique, dans l'une et sous l'autre, le pouvoir soit dans les mains d'un seul.

Le pouvoir du monarque est un pouvoir légitime ; celui du tyran un pouvoir usurpé. L'un est le pouvoir de la justice, l'autre celui de la force ; l'un est protecteur et paternel, l'autre est oppresseur ; l'un est fondé sur l'amour et le respect, l'autre uniquement sur la crainte ; l'un dure des siècles, l'autre passe comme un orage, ou change continuellement de forme.

La tyrannie est l'unique remède à l'anarchie, le plus grand fléau d'une nation ; remède presqu'aussi violent que le mal, remède horrible, mais nécessaire.

Aussi voyons-nous toutes les républiques anciennes finir par la tyrannie, après avoir brillé pendant un court espace de temps.

Cet espace de temps serait beaucoup plus court encore dans notre âge actuel.

Chez les anciens, la classe ouvrière était en esclavage ; chez nous, elle composerait le plus grand nombre de citoyens.

Les anciens n'avaient point de troupes soldées, ils se défendaient eux-mêmes ; et nous, nous avons des armées soldées et permanentes.

Et l'on peut être certain que la grande masse des prolétaires sera toujours à la disposition du premier factieux qui lui promettra la dépouille des riches ; et que tout soldat voudra toujours faire de son général un despote.

Dans tout pays où il existe des prolétaires et des troupes soldées, la république est impossible; la république n'est plus, en Europe, que le rêve de quelques fous. On pourra la vouloir, on pourra répandre des flots de sang pour l'obtenir : on ne l'aura jamais que comme passage au despotisme ou à l'état sauvage.

Il faut être fou ou n'avoir pas lu l'histoire, et n'y pas voir clair, surtout après une révolution comme celle de 1789, pour croire qu'une multitude soit en état de se gouverner elle-même.

Peut-elle connaître ses véritables intérêts? Et, quand même elle les connaîtrait, n'obéirait-elle pas plutôt à ses passions qu'à ses intérêts?

« Mais il en sera de même d'un monarque. » — Oui, mais vous n'aurez à redouter que les passions d'un seul, au lieu des passions de tous; et de plus, comme je l'ai dit, ce monarque aura des freins que l'autre n'aura pas, un amour paternel que l'autre n'aura pas, un intérêt évident à la prospérité publique, que l'autre n'aura pas, au moins aussi évident.

« Mais on nommera des représentants. » — Fort bien; mais ces représentants seront nommés par l'intrigue : ce seront les hommes qui conviendront le moins à leurs places. Et, plus vous aurez de ces représentants, plus vous aurez de passions et d'abus.

Et encore, n'étant que temporaires, ces représentants auront-ils le même intérêt à la prospérité publique qu'un homme qui la regarde comme sa chose?

Un parvenu qui ne rencontre que des obstacles, qui n'inspire que l'envie, aura-t-il les mêmes sentiments de bienveillance que celui qui, toute sa vie entouré de respect et d'amour, ne trouve que du zèle, des facilités et des secours? Un parvenu qui exerce un pouvoir éphémère aura-t-il, pour ceux qu'il gouverne, des entrailles de père?

Sans doute les abus de la monarchie sont tels que je viens de les dépeindre au commencement de cet écrit, mais ceux de la république sont cent fois pires encore, et se multiplient autant de fois qu'il y a de têtes qui gouvernent. L'homme est né pour chercher le bonheur, mais non pour le trouver : il n'y a qu'un petit nombre de sages qui puissent y parvenir, et encore..... !

« Les hommes naissent et meurent égaux. »—Mais sont-ils destinés par la nature à être égaux pendant leur existence? Y a-t-il entre eux égalité de force, d'intelligence, de courage, d'activité, de prudence? N'y a-t-il pas des hommes et des femmes, des vieillards, des hommes faits, des jeunes gens, des enfants? Y a-t-il de l'égalité entre tous ces individus?

Si vous admettez les propriétés, et il ne saurait

y avoir de société sans propriétés, si ce n'est dans l'état sauvage ou sous la tyrannie ; si vous admettez les propriétés, y a-t-il, peut-il y avoir de l'égalité entre les pauvres et les riches ?

« Mais il peut et il doit y avoir égalité de droit. » — Mais de quel droit s'agit-il ? est-ce du droit aux jouissances de la vie ? Non, bien certainement.

Serait-ce du droit à la considération ? Mais il y a des gens d'esprit et des sots, des hommes vertueux et des fripons, des hommes courageux et des poltrons. Tous ces hommes ont-ils le même droit à la considération ?

Sûrement on entend le même droit à obtenir justice ; mais ce droit sacré est bien plus assuré dans une monarchie que dans une république ; ou plutôt il ne l'est pas, il ne peut pas l'être dans une république.

« Mais l'intérêt de tous n'est-il pas mieux conservé par tous que par un seul ? » — Non, et je viens de le prouver.

J'ajouterai un exemple entre cent mille que je pourrais citer : ce décret d'Athènes qui condamnait à mort le citoyen qui proposerait de détourner au profit et à la défense de l'état les fonds publics destinés à payer les spectacles.

Jamais un tyran, jamais une courtisane en délire ont-ils manifesté une volonté plus folle ?

« Mais les hommes n'ont donc pas la capacité de se conduire eux-mêmes ? » — Non, ils ne l'ont pas : voyez-les agir. — « Mais y a-t-il donc des hommes qui ayent assez de capacité pour conduire eux et les autres ? » — Pour se conduire eux-mêmes, il y en a fort peu ; pour conduire les autres, il y en a davantage. On voit toujours plus clair dans les affaires des autres que dans les siennes ; on est toujours plus sage pour les autres que pour soi.

« Mais, dans la monarchie, il ne s'agit que de l'intérêt d'un seul homme ? » — Oui, mais l'intérêt de cet homme est le même que l'intérêt de tous ; et, dans la république, l'intérêt de tous n'est celui de personne.

« Mais le monarque aveuglé par les courtisans ne verra pas, ou verra mal ses intérêts. » — Cela pourrait bien être, mais, dans la république, la multitude aveuglée par ses passions et par ses orateurs, les verra encore moins ou encore plus mal.

« Le monarque dira : *l'État c'est moi.* » — Hé, tant mieux ! c'est dire en d'autres termes : je prends autant d'intérêt à la gloire, à la prospérité de l'état, au bien-être de mes concitoyens qu'à mon propre bien-être, qu'à ma propre existence. Dans les républiques, il n'y a que les citoyens les plus vertueux qui puissent en dire autant. Mais il y a l'ostracisme pour les chasser ou des bourreaux pour les tuer; ces grands citoyens détruisent l'égalité par leurs sublimes vertus.

« Mais il y a eu, il y aura toujours plus de grands hommes dans les républiques que sous toute autre forme de gouvernement. »

Je le crois; ce sont les grands malheurs, les grandes circonstances, les grands dangers, le grand mouvement des esprits, le besoin de force, de courage, qui forment les grands hommes; tout cela a lieu dans les républiques, et ne prouve pas qu'on y soit heureux.

D'ailleurs, ces grands hommes finissent par perdre la république ou la conquérir, ou par être victimes de leurs vertus.

« Mais, dans la monarchie, le peuple vit dans la misère et dans l'abjection, et est opprimé par des hommes qui, dans l'ordre moral, devraient être les derniers. »

Tout cela est un peu exagéré, et n'est vrai qu'en partie; cependant il existe assez de vérité dans ces reproches pour s'en affliger, et désirer la correction de ces abus.

Au reste, ces abus, cet état de choses, ne sont point inhérents à la monarchie; s'ils ont existé en France, ils tenaient au régime détestable de la féodalité; véritable anarchie nobiliaire dont nous sortions à peine, et que la monarchie avait heureusement détruite. » — Oui, mais, après l'avoir détruite, elle a péri elle-même. »

Elle a péri par ce qui restait de cette anarchie, par les fautes de la cour et par celles de toutes les classes de citoyens ; et non pour avoir détruit cette anarchie.

Cette anarchie féodale faisait le malheur des peuples et faisait partie de la monarchie, mais n'en faisait point une partie nécessaire : elle était une maladie accidentelle de cette forme de gouvernement ; c'était une espèce de démocratie nobiliaire qui avait ses ilotes, qui tourmentait continuellement le monarque, et qui affaiblissait la monarchie.

Les monarques en avaient triomphé avec l'aide du temps et du peuple, et ils étaient les protecteurs naturels de ce peuple malheureux.

Son oppression avait presque cessé, et l'abjection où il vivait encore, le mépris ridicule et odieux que faisaient peser sur lui les classes supérieures, tenaient à un reste d'opinions féodales qui tombaient tous les jours.

Sa misère tenait surtout, comme elle tient encore, comme elle tiendra toujours, sa misère tenait à son imprévoyance, à son intempérance, et en général à son inconduite.

Partout où il y aura de la richesse, il y aura de

la misère; mais pas plus sous la monarchie que sous toute autre forme de gouvernement. Et même, sous la nôtre, l'infortune trouvait beaucoup plus de secours; les cœurs et les bourses étaient plus ouverts à l'indigence que sous toutes les autres formes de gouvernement qui se sont succédé si rapidement et si malheureusement.

« Mais c'est dans les républiques que la passion de la gloire est dans toute sa force et dans tout son lustre. »

— Bien certainement, et c'est ce qui fait leur force, leur puissance et leur perte; quand elles sont parvenues à un certain degré de puissance et de richesse, il faut qu'elles périssent, et par les vices que produisent la puissance et les richesses, et par les mêmes grands hommes qui les ont fait triompher.

« C'est dans les républiques que la loi règne: les magistrats lui sont soumis comme les autres, et ne sont que ses organes. »

C'est ce qui devrait être partout, et ce qui, dans les républiques, n'est réellement que pour les magistrats, qui y sont tout-à-fait esclaves de la loi.

Cette loi, que la multitude a faite, la multitude la change ou la viole sans que personne puisse s'y opposer ou ose même s'en plaindre.

Et le magistrat, qui voit les vices nombreux de ces lois souvent iniques et imprévoyantes, est forcé de les exécuter en gémissant.

Montesquieu a dit, dans son immortel ouvrage, que le principe des démocraties était la vertu.

Je le crois bien : sans les plus sublimes vertus, cette forme de gouvernement peut-elle subsister? peut-elle être supportable?

Que de vertus il faut pour gouverner, pour élire, pour obéir! sans quoi la république serait un enfer, si elle pouvait durer.

Et la vertu dans les masses est-elle chose possible?

Voyez autour de vous; ouvrez l'histoire: voyez-vous beaucoup de vertus?

Sans doute la vertu existe; sans quoi ce monde serait une œuvre bien ridicule et bien méprisable. L'honnête homme la trouve dans son cœur, la voit chez quelques-uns de ses semblables; mais la voit-il souvent, la voit-il chez beaucoup de monde?

Il y voit de l'honneur, il en voit beaucoup et dans toutes les classes. L'honneur, qui n'est que le désir d'être estimé, tandis que la vertu est le besoin d'être estimable; l'honneur, qui vit de distinctions et de préférence, l'honneur est ce qu'il y a de mieux après la vertu. Il convient parfaitement à la monarchie, il en est l'ame et le prin-

cipe ; il guide les citoyens et leur sert de stimulant ;
il sert de frein au monarque et de barrière à son
pouvoir ; mais il ne peut pas convenir à la république : ce sont des vertus qu'il faut, qu'il faut
absolument.

Mais la république donnera des vertus. — La
république suppose, exige des vertus, mais ne les
donne pas.

Si elle en donnait , pourquoi les républiques
auraient-elles péri , et péri faute de vertus ?

Le consul Flaminius, au nom du peuple romain,
rendit la liberté aux peuples de la Grèce, leur
rendit leurs lois politiques, les organisa en républiques. Ces nouveaux états ne durèrent pas six mois.

Les vertus n'y étaient plus : Flaminius avait ou-
blié de les leur rendre ; ni lui, ni personne au
monde, ni la république ne pouvait les leur rendre.

« Mais qui peut donc créer des vertus ? » — Dieu
et les circonstances.

Montesquieu appelle vertu l'amour de la république, et amour de la république celui de l'égalité, de la frugalité, de la pauvreté.

Relativement à l'égalité, je crois, et même il me
paraît évident, que ce grand homme se trompe ;
car il est clair que l'égalité est une chimère , et le
désir de l'égalité une folie. Cependant, cette folie
existe et doit exister dans les républiques.

Elle n'est point naturelle à l'homme qui désire naturellement, non l'égalité, mais la supériorité ; et c'est de l'impossibilité où chacun se trouve d'obtenir cet avantage, que naît pour tous l'amour de l'égalité, sentiment artificiel et toujours prêt à être étouffé par le désir de la supériorité, dès que celui-ci peut espérer de se satisfaire.

Il en est de même de la frugalité et de la pauvreté ; cet amour de l'un et de l'autre n'est pas plus naturel que celui de l'égalité.

On n'aime la frugalité qu'autant qu'on ne peut pas espérer les jouissances de la vie ; on ne fait cas de la pauvreté qu'autant qu'on ne peut pas espérer les richesses.

Et cependant les républiques démocratiques ne peuvent pas exister, ne peuvent pas subsister sans ces trois conditions : l'amour de l'égalité, celui de la frugalité, celui de la pauvreté ; et Montesquieu a bien raison de le dire.

Jugez, d'après cela, si cette forme de gouvernement, qui contrarie trois sentiments innés dans le cœur de l'homme, qui exige trois sentiments opposés à sa nature ; jugez si cette forme de gouvernement est naturelle et douce, et si elle peut être durable.

Montesquieu ajoute que cet amour de l'égalité, de la frugalité, naît de l'habitude d'en jouir. *Il en est*, dit-il, *de la frugalité comme de l'égalité ; pour l'aimer, il faut en jouir.*

Ce n'est point un homme accoutumé à l'éclat des rangs, aux jouissances du luxe, qui aimera l'égalité et la frugalité.

Il est donc clair, d'après ce que dit ce grand publiciste, que la république, qui a besoin de ces sentiments et qui ne peut pas les créer chez ceux qui ne les ont pas, n'a pu s'établir que chez les peuples qui les avaient déjà et qui les avaient depuis assez de temps pour en avoir contracté l'habitude.

Ce n'est point la république qui leur a donné des vertus, mais bien ces vertus qui ont rendu possible l'existence des républiques ; sans quoi il faudrait supposer que ces républiques ont existé de toute éternité, ce qui serait absurde.

« Mais qu'étaient donc ces peuples qui avaient cette habitude de l'égalité, de la frugalité et de la pauvreté, avant d'être en république ? car, pour être peuples, il leur fallait une forme de gouvernement quelconque. »

C'étaient des hommes, et l'histoire nous le dit, soumis auparavant au pouvoir monarchique. L'oppression, sans doute, les avait mis au désespoir ; la supériorité, le pouvoir, leur étaient devenus insupportables. Ils avaient secoué le joug, et les malheurs qui auront accompagné et suivi leurs

triomphes, les auront mis dans un tel état d'exas-
pération et de misère, qu'ils ne voulaient que
l'égalité, et qu'ils s'étaient accoutumés à la frugalité.

Alors, ils auront établi des républiques, qui ont
subsisté tant que ces sentiments et ces habitudes
ont pu se maintenir.

En général, ce ne sont point les formes de gouvernement qui créent les mœurs d'un peuple. Ce
sont les mœurs ou la conquête qui décident de la
forme du gouvernement.

Mais qui peut former les mœurs? qui peut dé-
cider de celles d'un peuple? C'est une grande et
difficile question, et qui sortirait de mon sujet.

J'ai voulu prouver, et je crois avoir prouvé que
la république était le plus violent, le plus mauvais, le moins solide des gouvernements.

On me dira que je n'ai parlé que des républiques démocratiques : cela est vrai, mais j'ai pensé
que tout le monde connaissait les vices odieux des
républiques aristocratiques, et que leur histoire
suffisait pour en dégoûter.

Pour les gouvernants, dans leurs rapports entre
eux, elles ont tous les vices de la démocratie; pour
les gouvernés, elles ont tous ceux du despotisme, et
du despotisme le plus immoral, le plus ombrageux et
le plus humiliant; c'est un pouvoir dont les abus

se multiplient en raison du nombre de ceux qui l'exercent.

Cependant, elles valent mieux encore que la démocratie, et, tout odieuses qu'elles sont à juste titre, elles exercent le pouvoir avec beaucoup moins de violence, et durent et doivent durer beaucoup davantage.

Le pouvoir a d'autant plus de force et d'autant moins d'abus qu'il est plus concentré, qu'il est exercé par un plus petit nombre de personnes, et qu'il est plus permanent.

C'est ce qui fait que la monarchie est le meilleur comme le plus naturel des gouvernements. Ce gouvernement est le plus naturel, parce qu'il tire son origine du pouvoir paternel, et il est le meilleur, parce qu'il est unique et qu'il a plus de freins et de contre-poids que tous les autres, ou plutôt parce qu'il est le seul qui puisse en avoir.

Sans doute il a beaucoup d'abus et d'inconvénients ; et quelle est la chose humaine qui n'en a pas ? Mais il en a moins que tout autre, et de plus, il existe des moyens de corriger ou de prévenir ces abus et ces inconvénients.

Ces moyens sont dans un gouvernement consti-tutionnel : l'Angleterre nous en fournit un ma-gnifique exemple, et son gouvernement est le meilleur qui ait encore été donné aux hommes.

Au moyen des contre-poids qui balancent et modèrent son pouvoir sans l'arrêter et sans l'affaiblir, le monarque est impuissant pour le mal et tout-puissant pour le bien.

Voilà véritablement le plus libre de tous les gouvernements, parce qu'il est le plus sage.

Il résulte de toutes les réflexions qui précèdent que le gouvernement républicain est le pire de tous, qu'il est impossible actuellement en Europe, et que le gouvernement monarchique constitutionnel est le meilleur de tous.

On peut me faire des objections, et me dire : « Comment prétendez-vous qu'une république est impossible en Europe, quand vous avez la Suisse à côté de vous ? comment pouvez-vous dire que c'est un mauvais gouvernement, quand vous la voyez prospérer ; que c'est un gouvernement peu durable, quand il dure depuis plus de quatre cents ans ? »

Je répondrai que la Suisse n'existe et ne dure que par la complaisance et la rivalité des puissances étrangères. Chacune craint que ce pays, si fortifié par la nature, n'appartienne à sa rivale.

Ce pays de montagnes, ce peuple de montagnards, est dans des circonstances uniques : presque tous ses citoyens sont des soldats, et il n'a point de troupes soldées ; presque tous ses citoyens sont égaux dans leur pauvreté, et il n'a point de men-

diants et presque point de prolétaires. Ses soldats-
citoyens ont toujours fait la guerre, et les diffé-
rents petits peuples qui composent cette nation
n'ont jamais eu la guerre.

Les citoyens de ces petits peuples sont tous accoutumés à un vie dure et frugale, tous laborieux
et occupés, tous vivant en famille, et, par consé-
quent, presque tous honnêtes et probes.

Ils se connaissent tous, et peuvent élire les plus
vertueux et les plus capables. La pauvreté générale
ne présente guère d'appât à l'ambition, et l'ambition de presque tous se borne à vivre et à être
estimé, et cette ambition est sûre d'être satisfaite.

D'ailleurs, les cantons qui composent cette république formant chacun un état indépendant, si
quelque ambitieux parvenait à se rendre maître
d'un de ces petits états, il serait bientôt écrasé par
tous les autres.

Cette forme fédérative peut prolonger quelque
temps la durée des républiques.

Les Suisses ont, à cause de leurs montagnes et
de leur pauvreté, toutes les conditions nécessaires
à la république : des vertus, et l'habitude de l'égalité, de la frugalité et de la pauvreté. Et, malgré
tous ces avantages, malgré leurs montagnes et leurs
vertus, ils ont été conquis par un décret du direc-
toire et par un mot de Bonaparte.

On peut ici vouloir me prendre en contradiction, et me dire : « Vous reprochez la faiblesse à la république suisse, et tout-à-l'heure vous disiez que toute république avait beaucoup de force à l'extérieur. »

Oui ; mais je n'ai pas dit que cette force fût infinie : je n'ai pas prétendu qu'une république résisterait à des forces décuples des siennes.

Ce n'est pas parce qu'elle était république qu'elle a succombé, c'est parce qu'elle avait trop peu de forces pour résister à une masse belliqueuse comme la France, et peut-être aussi parce que c'était une république fédérative.

Cette forme de gouvernement, la république fédérative, très propre à la défendre contre l'ambition de ses concitoyens, ne l'est pas autant pour la garantir de celle des puissances étrangères.

Mais la Grèce était une république fédérative, et elle a résisté aux armées innombrables de Xercès.

Oui ; mais ces masses étaient mal commandées ; l'art de la guerre n'était pas perfectionné au point où il l'est, et la poudre à canon n'était point inventée.

Tel est le sort des républiques : si elles sont petites, elles sont écrasées par les masses monarchiques ; si elles sont grandes et puissantes, leurs citoyens se déchirent entre eux et finissent par le despotisme militaire. De toutes façons, il est de leur nature de n'avoir qu'une existence très courte et très orageuse.

On me dira encore : « Comment pouvez-vous soutenir que l'Angleterre est le meilleur gouvernement possible, quand vous avez devant vos yeux les États-Unis d'Amérique? Ils ont un gouvernement plus doux, plus libre, plus prospère et bien moins coûteux que celui d'Angleterre ; et c'est une république. »

Je répondrai à cette seconde objection ce que j'ai dit au commencement : c'est que le meilleur des gouvernements serait une république, si tous les hommes étaient des sages.

Or, les Américains, par leur position, par leurs circonstances, par leur vaste territoire, sont véritablement un peuple de sages et de riches.

Ils sont tous occupés, ils sont tous à leur aise; un ouvrier y gagne six francs par jour, et une acre de terre y coûte cinq francs.

Ils vivent en famille; ils vivent généralement éloignés les uns des autres sur un vaste territoire; ils n'ont aucuns des vices que donnent le luxe, la misère et la société, et ils ont toutes les vertus que donnent l'aisance, le travail et l'habitude de vivre en famille.

Leur immense pays est partagé en petits états

qui s'administrent souverainement eux - mêmes.
Tous les citoyens se connaissent, se rendent des
services mutuels, s'aiment et s'estiment : c'est vraiment un peuple de sages. Ils sont heureux et doivent l'être! Puisse leur bonheur durer long-temps!

Mais, que leur population augmente à un certain point, et se groupe et s'entasse; qu'ils aient des
prolétaires et des troupes soldées, et vous verrez
s'ils conserveront leur république; et, s'ils la con-
servent quelque temps, vous verrez si c'est un bon
gouvernement.

Je crois pouvoir répéter mes conclusions, et dire
que la république est, en général, un très mauvais
gouvernement, et que le meilleur de tous est le
gouvernement monarchique constitutionnel. Nous
le possédons, tenons-nous-y; et méritons la liberté
par notre patriotisme, notre sagesse et notre cons-
tance.